D1393820

# TOMÁS BLANCO

## LOS AGVINALDOS DEL INFANTE

### GLOSA DE EPIFANÍA

## THE CHILD'S  GIFTS

### A TWELFTH NIGHT TALE

*Con ornamentos musicales de Jack Delano e ilustraciones por Irene Delano.*

*Translated by Harriet de Onís, with musical ornaments by Jack Delano and illustrations by Irene Delano.*

THE WESTMINSTER PRESS, PHILADELPHIA, PENNSYLVANIA · 1976

PUBLISHED BY THE WESTMINSTER PRESS ®
PHILADELPHIA, PENNSYLVANIA

PRINTED IN THE UNITED STATES OF AMERICA

Library of Congress Cataloging in Publication Data

Blanco, Tomás.
☐ Los aguinaldos del Infante.

☐ Spanish and English.
☐ SUMMARY: Describes the journey of the three wise men, the gifts they brought to the Christ Child, and the gifts they received in return.
☐ 1. Magi—Fiction. [1. Magi—Fiction.
2. Christmas stories. 3. Spanish language—Readers]
I. Delano, Jack. II. Delano, Irene, 1919– III. Title. IV. Title: The Child's gifts.
PQ7439.B55A7   1976       [Fic]       75-46530
ISBN 0-664-32595-5

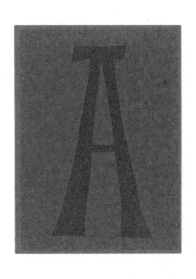

LOS BISNIETOS DE
DOÑA ALTAGRACIA
Y DON JOSÉ MARÍA

Nota: Este cuento fué escrito para ser radiodifundido por la emisora del Gobierno de Puerto Rico (WIPR) el día de Reyes de 1954. Fué trasmitido con acompañamiento de música escrita especialmente para esta ocasión por Jack Delano y arreglado para viola, clavecín y voces. Además de los temas originales—páginas 9, 17, 18 (arriba) y 23—se utilizaron viejos romances españoles —páginas 9, 10, 11, 12, 13, 18, 21, 30, 31 y 32— y una nana del folklore puertorriqueño—pagina 25. La grabación se llevó a cabo en la antigua sala capitular de la Catedral de San Juan Bautista de Puerto Rico. El calvecín usado fué construido en la isla, con maderas del pais por John Hawes.

En el arreglo del romance "Durandarte"— páginas 10, 11, 12, 30, 31 y 32—se siguió a Jesús Bal y Gay, *Romances y Villancicos Españoles del Siglo XVI*, La Casa de España en Mexico— Fondo de Cultura Económica.

El presente libro, diseñado y decorado por Irene Delano, incluye una síntesis del acompañamiento musical.

Note: This story was written to be broadcast by the radio station of the Government of Puerto Rico (WIPR) on Epiphany, 1954. It was broadcast with a musical accompaniment especially written for the occasion by Jack Delano and arranged for viola, harpsichord and voices. In addition to the original themes—pages 9, 17, 18 (top) and 23—the score also contained arrangements of old Spanish ballads—pages 9, 10, 11, 12, 13, 18, 21, 30, 31 and 32—and of a Puerto Rican folk lullaby—page 25. The music was recorded in the old capitular hall of the cathedral of San Juan Bautista de Puerto Rico. The harpsichord used was made on the island, of native woods, by John Hawes.

The arrangement of the ballad "Durandarte" —pages 10, 11, 12, 30, 31 and 32—was made from the version published by Jesús Bal y Gay, *Romances y Villancicos del Siglo XVI*, La Casa de España en Mexico—Fondo de Cultura Económica.

This book, designed and decorated by Irene Delano, includes a synopsis of the musical score.

# LOS AGVINALDOS DEL INFANTE    THE CHILD'S GIFTS

Estos eran tres hombres de limpia voluntad que vivieron en un lejano tiempo, hace ya muchos siglos.

Cada uno de ellos habitaba en distintos confines de la Tierra. Y, cada uno, por su justicia y su sabiduría y su benevolencia, era príncipe entre los príncipes de aquel rincón remoto del mundo en que vivía.

This is the story of three men of good will who lived in a far-away time, many long centuries ago.

Each of them dwelt in a different region of the Earth. And each, by reason of his uprightness, his wisdom, and his benevolence, was prince of princes in that remote corner of the world where he dwelt.

El uno era un anciano de perfilada y recia contextura, alto y enjuto, con finos labios rojos, cutis sonrosado y largas barbas ondulantes, tupidas y nevadas. Tenía los ojos de color de esmeralda, pero con los reflejos del acero pulido allá en lo hondo . . . Y, como su país caía hacia los rumbos por donde el sol se hunde —tras de los horizontes del Oeste—todos le titulaban y llamaban *Monarca de Occidente*. Pero su nombre, de verdad, no era nada más que Baltasar— y nada menos.

One was a man ripe in years, strong and well-knit, tall and spare, with firm red lips, rosy skin, and flowing, snowy beard. He had eyes the color of emerald, with a gleam of polished steel in their depths . . . And, as his country lay in the pathway of the setting sun—beyond the western horizon—he was known to all as *Monarch of the West*. But his name, his true name, was no more —and no less—than Balthasar.

El otro era un varón maduro, de estatura mediana, musculoso y fornido. Su piel tenía el melado matiz de los claros tabacos de la Habana, de la canela fina de Ceilán. Sus ojos eran vivos pocillos de café, prietos, retintos. Las facciones las tenía abultadas; y, la barba color de hierro, escasa y crespa, nitidamente recogida en forma de perilla . . . . Su cálido país estaba en medio de los soleados límites del Sur. Y, por lo tanto, a él le daban el título sonoro de *Rey del Mediodía*. No obstante, su verdadero nombre era Melchor, sencillamente.

The other was a man in the middle of the journey, of medium height, robust and muscular. His skin had the honeyed tinge of the golden tobacco of Havana, of the choice cinnamon of Ceylon. His eyes were living pools of coffee, dark and depthless. His features were full-fleshed, and his beard, iron of hue, sparse and coarse, was neatly trimmed to form a goatee. His hot land lay athwart the sun-drenched confines of the South. And so he bore the sonorous title of *King of the South*. His real name, however, was just Melchior.

El tercero era, en fin, una de esas personas de edad indefinible, al parecer bastante joven, pero probablemente mayor de lo que parecía. Su tez tenía el color del pergamino antiguo o del marfil quemado; y, el de azuloso ébano, su pelo lacio y fuerte. Más bien bajo que alto, un poco grueso; de oscuros ojos enigmáticos, oblicuos, almendrados; y de rostro lampiño . . . Su país se extendía por las inmensas longitudes del Este. Y, así, por eso, se le nombraba *Emperador de Oriente.*—Así le conocían; aunque sus padres, al nacer, le pusieron el solo nombre de Gaspar.

The third, the last, was one of those persons whose age is hard to define, who seemed young, but who was probably older than he looked. His skin was the color of old vellum or of burnt ivory, and his thick, straight hair had the bluish black hue of ebony. Short rather than tall, heavy-set, with enigmatic dark, slanting, almond-shaped eyes, and beardless. His kingdom stretched along the immense reaches of the East. And so he was called *Emperor of the Orient.* As such he was known, even though at birth his parents had named him Gaspar.

Eranse que se eran, pues—los tres—reyes entre los reyes de sus vastas tierras; y, además, tenían fama de ser—todos tres—grandes y profundos magos, doctos en números y versados en letras, intérpretes de símbolos y signos, observadores nocturnos de los astros . . . Quizás, por ser tan sabios y mirar tan hondo, eran—antes que nada—tres hombres generosos.

Tales sabidurías y generosidades eran los únicos vínculos de unión entre los tres. Y todo lo demás los separaba. Porque, aunque a cada cual llegaban de vez en cuando vagas noticias de los otros dos, no se habían visto nunca; ni esperaban verse ni hablarse ni entenderse jamás. Y, pues que todos, a la par, eran reyes de poderosos y distintos pueblos, eso los distanciaba aún más que las distancias.

So, once upon a time, there were these three—kings among kings—lords of their vast domains; and, besides, they were renowned—all three of them—as great and learned wise men, skilled in numbers and versed in letters, interpreters of signs and portents, nightly scanners of the stars. Perhaps because they were so wise and so deep-seeing, they were, above everything else, three generous men.

This wisdom and generosity were the only links between the three. Everything else separated them. For even though each of them had, from time to time, received vague word of the other two, they had never laid eyes upon each other, nor had they any hope of meeting, or talking together, or coming to understand one another. And the fact that each of them was the ruler of powerful and dissimilar nations separated them even more than distance.

El pueblo que obedecía a Gaspar, era un gran pueblo, de mucha historia antigua. Pero, ante todo, era un pueblo de inconmovible Fe. En su largo pasado, acumulando historia, no se pudo librar de acumular, al mismo tiempo, sufrimiento. Pero también acumuló crueldad. Y esta helada pasión—su mayor daño—solía, con frecuencia, pervertir hasta su única fuerza salvadora, malogrando los dones y el futuro del fruto firme de su propia Fe: Era como la escarcha sobre floridos limoneros que, con sus agujas y sus pinzas de hielo, coagula savias en los brotes tiernos, seca y hace caer—inútiles—las flores.

The nation that gave allegiance to Gaspar was a great nation with a history stretching back to antiquity. But it was, above all, a nation of unshakeable Faith. During its long existence, as it acquired history, it could not escape, at the same time, accumulating suffering. But it also accumulated cruelty. And this icy passion—the thing that harmed it most—often perverted its unique gift of redemption, blighting the blessing and the ripening of the firm fruit of its Faith. It was like frost striking the lemon trees in flower, and with its needles and pincers of ice checking the flow of the life-giving sap to the tender shoots, blasting the now sterile bloom.

La nación que gobernaba Baltasar, vivía de la Esperanza. Ella les daba la ilusión y la seguridad. Ella los sostenía en sus calamidades. De ella se nutrían en trances de amargura. Por ella, sólo por ella, perduraban. Pero siempre propensos a olvidarlo, les dominaba demasiadas veces la soberbia. Y esta pasión estéril desvirtuaba la gracia innata de su propia Esperanza, inagotable manantial, primera y última fuente de vida para ellos: Era, entonces, como una intensa sequía calcinadora que convirtiera en paja y briznas los campos de cereales antes que se granaran las espigas.

Las gentes que seguían a Melchor como a su jefe máximo, era un buen pueblo. Gente siempre dispuesta—predispuesta—a la dulzura, al mimo y al candor. El sostén de su espíritu era la Caridad; perfumada flor maravillosa, única, que nacía y renacía sobre el yermo desierto de un íntimo y antiguo desaliento. Pero, por ese estar desalentados que les roía el bravo corazón, doloridos del alma, carentes de Esperanza, horros de animadora Fe, solían caer en el terror y el pánico. Y así, a veces, eran sacudidos por voluble ira, con la frecuencia caprichosa de la cólera en los desanimados y frustrados. Esta pasión volátil y violenta les cegaba entonces. Como un sangriento rayo, les privaba de la luz mutua y clara de su fecunda Caridad: Era tal cual la ráfaga furiosa del huracán del Trópico, que pasa como un vértigo y arrasa los cultivos, tronchando las palmeras, tumbando platanares enteros, arrancando de cuajo los cafetos, mutilando los troncos resistentes de los más duros árboles.

The people governed by Balthasar lived on Hope. This gave them dreams and confidence. It bore them up in disaster. It sustained them in hours of trial. Thanks to it, and to it alone, they endured. But ever prone to forget this, they all too often let pride become their master. And this barren passion destroyed the innate grace of their own Hope, the ever-flowing spring, the fountainhead of life for them. Then it was like a consuming drought that turned the fields of wheat to straw and chaff before the grain could fill the ears.

The people who followed Melchior as their supreme leader was a good people. It was a people disposed—predisposed—toward sweetness, light-heartedness, candor. The essence of their spirit was Charity, a wondrous perfumed flower, like no other, that bloomed and bloomed again on the desolate waste of an old, deep-rooted discouragement. But because of this discouragement which gnawed at their stout hearts, bruised of soul, wanting in Hope, barren of life-giving Faith, they were quick to fall victims to terror and panic. As a result, they were often seized by sudden wrath, by unpredictable explosions of rage frequent in the disheartened and frustrated. When this happened this volatile and violent passion blinded them. Like a blood-red bolt of lightning it deprived them of the clear, kindly light of their fructifying Charity. It was like the furious blast of the tropical hurricane, which passes in roaring flight, levelling the crops, snapping the tall palms, ripping the rustling banana, deracinating the coffee groves, mutilating the proud trunks of the mightiest trees.

Tenían, pues, los tres pueblos, cada uno, una rara y excelsa cualidad—distinta en cada cual—que los corazonaba y mantenía; les hacía la existencia llevadera y fructífera . . . aun, a veces,

Thus, each of the three peoples, had one unique and supreme quality—each different from the other—which heartened and sustained it, which made existence bearable, fruitful, even

magnífica. Era el consuelo eterno de todos sus fracasos. Era la vara mágica que hacía brotar las aguas de su vitalidad; la llave poderosa que, en la entraña animal, abría la íntima vena incalculable de la sencilla condición humana. Pero tenía cada pueblo, también, un peculiar defecto capital; dominante pasión, que era su mayor vicio y su mayor perjuicio. Y esta falla, en ausencia total de ambas dos virtudes diferentes con que se adornaban y se distinguían las otras dos naciones, desnaturalizaba, pervertía y malograba —en cualquier mal paso—la propia gran virtud de cada cual. Y se desencadenaban entonces los horrores y las estupideces y las brutalidades . . .

Y aquellos tres famosos guías de sus pueblos, Melchor, Gaspar y Baltasar, aún sabios como eran, no alcanzaban a ver la causa de estas cosas ni encontraban remedio a esas tribulaciones. Quizás en ellos mismos no sobraba lo que a sus compatriotas hacía falta. Y no lo podían dar. Pero como los tres eran excepcionalmente generosos, se desvivían por darlo: Amaban a sus pueblos y los querían más sanos y contentos, más altos y mejores. Esa preocupación continua y nunca satisfecha les daba un aire triste y distraído.

magnificent at times. It was the never-failing consolation for all their failures. It was the divining rod that discovered the spring of their vitality; the magic key which opened the vein of the simple human condition hidden in the animal vitals. But each people also possessed its peculiar capital defect, its dominant passion, which was its greatest vice and the thing which did it most harm. And lacking the two virtues which were the ornament and distinction of the other two nations, this shortcoming denatured, perverted, and undermined—when difficulties arose —the very virtue each possessed. And then horror, stupidity, brutality slipped their chains.

And those three famous leaders of their peoples, Melchior, Gaspar, and Balthasar, wise men though they were, were unable to discover the reason for such things or to find a remedy for these tribulations. Perhaps they themselves did not abound in what their countrymen needed, and could not give it. But as the three of them were exceptionally generous, they spared no effort to supply the lack. They loved their peoples, and wanted to see them healthier and happier, nobler and better. This unremitting, never satisfied concern gave them a sad air.

Mas sucedío que un día—remotos y distantes unos de otros—los tres se sonrieron a la par. Se sonreían sin saber por qué. Aquella noche, apareció la Estrella por primera vez.

Era una nueva estrella inexplicable, inmóvil, a media altura entre la línea del difuso horizonte y la cúspide neta del cenit. La nueva Estrella brillaba y refulgía con luz fascinadora, a la vez elocuente e inefable.

Los tres magos reyes la notaron, y les asombró. En la noche serena, en medio del silencio, la Estrella hablaba, hablaba; y les llamaba sin ruido y sin palabras, en el idioma mudo, suave, cándido, que sólo el corazón alcanza a comprender. Y los tres entendieron—Eran hombres de buena voluntad.

Había, ante todo, que prepararse para un largo viaje, siguiendo aquel arcano secreto de la luz. Al fin de la jornada se descubriría la plenitud de aquel misterio.

La Estrella rebrilló la noche entera, fija, insistente, con luz inusitada de reflejos azules y dorados. Los magos la observaban. Mientras más la miraban, más claro y más sencillo veían el atractivo egregio y portentoso que tenía. Y en la contemplación absorta del prodigio les sorprendió la aurora.

Por tres noches seguidas apareció la Estrella en el mismo lugar del firmamento, mostrando siempre la misma incitadora maravilla. Los tres magos pasaron las tres noches en vela; y, en la cuarta, emprendieron camino por la ruta que conducía al lugar desconocido de la Tierra que marcaba la Estrella, luciendo sobre él.

But it came to pass one day that the three of them—remote and distant each from the other—all smiled at the same time. They smiled without knowing why. That night the Star appeared for the first time. It was a new, unaccountable Star that hung motionless half way between the spreading horizon and the peak of the zenith. The new Star shone and glittered with a light that cast an irresistible spell, at once eloquent and unutterable.

The three wise kings beheld it, and they marvelled. In the calm night, in the midst of the silence, the Star spoke, calling them without sound and without words in the mute, gentle, sincere language that only the heart can understand. And the three of them understood. They were men of good will.

First of all they had to make ready for a long journey, following that hidden secret of the heavenly light. At the end of the journey the veil of the mystery would be torn asunder.

All night long the Star gleamed, fixed, steady, with a rare light shimmering blue and gold rays. The wise men watched it. The more they observed it, the clearer and more directly they felt its all-powerful, portent-filled spell. Dawn found them lost in contemplation of the wonder.

Three successive nights the Star appeared in the same place on the firmament, always with its same alluring spell. The three wise men spent the three nights in vigil, and, on the fourth they set out upon the route leading to the unknown spot of the Earth the Star was pointing to with its rays.

Iba cada rey mago completamente solo, sin séquitos ni escoltas, sin siquiera espoliques que cuidaran las bestias que montaban. Tampoco iban armados. Y sólo por la calidad extraordinaria de las cabalgaduras, el ornato fastuoso de las vestimentas y la rica finura de jaeces y aderezos, se les conocía que eran potentados. Si mostraban tal lujo, era porque los tres sabían que salían en busca de un gran Personaje; y, así, de esa manera, querían honrarle, llegando donde él con máximos decoros exteriores, como insignias patentes del interno fervor que les movía —Cosa que en su inocencia sabihonda creyeron de rigor.

Durante las tres noches consecutivas que velaron, observando la Estrella, llegaron a entender bastantes cosas; pero todas, no. Sabían que, por su bien y el de sus pueblos, debían acudir a la presencia de cierto ignoto, eximio Personaje: Alguien que era dueño y maestro de armonías y señor de la paz; soberano de tres magníficos imperios invisibles: El Rey de la Concordia, la Convivencia y la Projimidad.

Each of the wise kings traveled completely alone, without retinue or attendants, not even grooms to look after the animals they were riding. Nor were they armed. Only the exceptional quality of their mounts, the pomp of their robes, and the richness of garb and trappings revealed the fact that they were lords and monarchs. The reason for such display was that the three knew that they were setting out in search of a Personage of high rank, and they hoped thus to do him fitting honor, coming before him with all show of outward respect as an earnest of the inner fervor which moved them. In their wise innocence they believed this indispensable.

As they observed the Star, during the three successive nights they kept vigil, they came to understand many things, but not all. They knew that, for their own good and that of their peoples, they had to seek the presence of a certain unknown, exalted Personage, one who was lord and master of harmony and prince of peace; the monarch of three magnificent invisible empires: King of Concord, Comradeship, and Brotherhood.

Quisieron, antes de ponerse en marcha, buscar, la más hermosa y la más rica joya de sus reinos para llevarla como simple aguinaldo en prenda de homenaje.

Dos días completos gastaron, dedicados a rebuscarla y escogerla entre sus múltiples tesoros. Nada les complació, nada les satisfizo; ni las telas preciosas finamente labradas ni las más raras gemas ní la más delicada obra de orfebrería.

Entonces decidieron, en el día tercero apelar a sus pueblos. Proclamaron la necesidad y aprieto en que se encontraban; y, no tardó en venir,

Before they set out the three wise kings sought the most beautiful and richest jewel of their kingdoms to take with them as a simple token of their homage.

They spent two full days seeking and choosing among their manifold treasures. Nothing pleased them, nothing satisfied them, neither the rich cloth so skillfully woven, nor the rarest of gems, nor the most delicate examples of the goldsmith's art.

On the third day, therefore, they decided to appeal to their peoples. They made known the need and difficulty which confronted them; and

con riquezas sin cuento, multitud de magnates, mercaderes y artistas. Pero todo fué inútil.

Hasta que, al fin, cuando caía la tarde en el tercero día, llegó donde Melchor un miserable hombre, pobre, roto, descalzo. Era un mendigo, un pordiosero. Y dijo:

—Yo te daré la prenda más preciada de este pueblo. Dame un cuenco de corcho, con su tapa del mismo tosco material, sin adornos. Yo te lo llenaré con un polvo finísimo. Será polvo de oro, del oro incomparable de la Caridad.

Así se hizo; y, el bueno de Melchor quedó contento con su buen oro fino.

in no time at all a host of magnates, merchants, and artists came forward with riches beyond number. But to no avail. Until finally as the afternoon shadows of the third day were falling there came before Melchior a poor man, a beggar, ragged and unshod. And he said to him:

"I will give you the most valued treasure of this nation. Give me a vessel of cork, with a cover of the same rough material, unadorned. I will fill it with the finest dust. It will be gold dust, the incomparable gold of Charity."

So he did, and good Melchior was happy with his gift of fine gold.

EL ORO IN COMPARA BLE DE LA CARIDAD

Al mismo tiempo y en la misma vespertina hora, se presentó cansado ante Gaspar un viejo anacoreta, flaco y enfermo, casi ciego. Y de este modo habló:

—Yo sé cual es la joya más valiosa del país. Aquí la tengo y te la entregaré. Dame un pomo de barro, con su tapón, también de arcilla. Dentro del pomo te pondré la joya. Lo que te ofrezco son perlas cristalinas de un incienso purísimo, del incienso fragante de la Fe.

Y tal como lo dijo, lo cumplió; sacando de su seno aquel regalo. Y Gaspar lo aceptó y quedó complacido y satisfecho con su incienso aromático.

On the same day, and at the same vesper hour, there came before Gaspar an old anchorite, gaunt and feeble, almost blind. And he spoke after this wise:

"I know the jewel of greatest price of this land. I have it and I will give it to you. Give me a clay flask with a stopper made of clay, too. I will place the jewel in the flask. What I bring to you are crystalline pearls of the purest incense, of the fragrant incense of Faith."

As he had promised so he did, taking the gift from his bosom. And Gaspar accepted it and was pleased and satisfied with his aroma-laden incense.

EL INCIEN SO FRA GANTE DE LA FE

En idéntica hora del crepúsculo se acercó a Baltasar, tímidamente, una pálida niña, huérfana desvalida, cuya edad apenas si llegaba a los más tiernos años de la pubertad. Llena de confusión, susurró con dulzura:

—Si me quisieras dar una cajita de madera de pino; yo la devolvería. La pondría de nuevo entre tus manos repleta de riqueza; la riqueza más fina y apreciable que en nuestra patria existe. Porque te traigo, aquí, estos granos de mirra virgen y olorosa, sutil y estimulante; la balsámica mirra incorruptible de la dulce Esperanza.

Y, al punto, Baltasar vió que era verdad lo que decía; y se lo agradeció. Y tomó aquella ofrenda. Y quedó alegre con su excelente mirra.

At the same twilight hour Balthasar was timidly approached by a pale-cheeked girl, a friendless orphan, on the threshold of maidenhood. All confusion, she murmured gently:

"If you would give me a little box of pine wood I would return it to your hands filled with a treasure, the finest and most precious to be found in our land. Because I bring you here these grains of myrrh, new gathered and odorous, delicate and stimulant, the restoring, imperishable myrrh of sweet Hope."

And immediately Balthasar saw that what she said was true, and he thanked her and received her gift. And he was happy with his fine myrrh.

LA MIRRA DE LA DU LCE ESP ERANZA

Los tres reyes rindieron, lo mejor que pudieron, gracias a los tres donantes. Y, en seguida, sin pérdida de tiempo, hicieron ensillar y tener prestas sus cabalgaduras. A prima noche, cuando de nuevo aparecióseles la Estrella, montaron y se fueron, siguiendo cada uno su camino, en plena soledad, hacia lo incógnito.

The three kings thanked, to the best of their ability, the three donors. And at once, without loss of time, they ordered their mounts to be made ready and saddled. When night had fallen and the Star once more appeared in the sky they mounted and set out, each following his own road, all by himself, toward the unknown.

Montaba Baltasar un brioso caballo de azabache con sorprendentes crines como fuego. Tenía bella figura: gran alzada, los remos finos, el pecho ancho, la cabeza airosa. Y su impaciencia sofrenada era, en los movimientos, elegancia.

Cabalgaba Gaspar un dromedario blanco con pezuñas de oro. Tenía seguras, altas, sarmentosas las patas, cual andariego nómada; la cabeza espigada, levantada, con ojos y pestañas de rubia damisela; y, un aire indagador y a la vez displicente. Y, en el ritmo anhelante de su tendido trote, había una gracia exótica.

Melchor iba sentado sobre macizo y dócil elefante, de un raro color gris, entre azul y plateado. Este hermoso animal, noble de estampa y sangre, tenía inteligente la mirada, la trompa vocinglera, inmensos los marfiles. Y era de una gran majestad su andar acompasado, deliberado, firme.

Así estuvieron caminando cada cual su camino, hasta que se encontraron los tres en una encrucijada.

Las tres salutaciones se oyeron al unísono:

Balthasar was mounted on a spirited horse, jet-black in color and with a mane of fire. It was a beautiful creature, many hands high, fleet of limb, broad of chest, head carried proud. Its curbed impatience gave elegance to its movements.

Gaspar was riding a white dromedary with golden hoofs. Its slender legs were firm, high, and sinewy as befits a nomad wanderer. It carried its delicate head high, and its eyes and lashes were those of a blonde maiden. Its bearing was at once inquiring and haughty. The eager rhythm of its swift gait as it moved revealed an exotic grace.

Melchior was seated upon a solid, docile elephant of a rare shade of gray, a bluish silver. The handsome animal, noble of appearance and stock, had a knowing eye, a bellowing trumpet, huge tusks. There was great majesty in its firm, measured tread.

Thus each pursued his own way until the three met at a crossroads. Three greetings sounded in unison:

—¡Señores, bienhallados!
—¡Salud, nobles viajeros!
—¡Bienvenidos, hermanos!

"Well met, gentlemen."
"Your health, noble travelers."
"Welcome, brothers."

No se habían visto nunca. Pero pronto supieron, todos tres, quienes eran los otros dos. Y supieron del viaje que llevaban los tres; y, la identica causa que a los tres les movia. Y se regocijaron. Por eso, hicieron juntos el resto del camino, en pos de aquella Estrella, y en buena compañía.

Se sucedieron tardes y mañanas, horas de pleno sol y horas de oscuridad. Hasta que en una friolenta madrugada, en las afueras de un pequeño pueblo, la Estrella se posó, por fin, sobre un establo rústico. Allí se dieron cuenta los tres sabios viajeros, que habían llegado al término de su avantura peregrina.

En la luz indecisa del amanecer, Melchor, Gaspar y Baltasar desmontaron. Con gran cortesanía pidieron a la puerta del establo licencia para entrar. Les recibió, solícito, un modesto artesano. Su persona esparcía un olor a resina de pino, de cedro, de ciprés, de aceitillo. Bien a las claras se veía que era un santo varón, un hombre justo. Pero de ningún modo era aquel el alto Personaje que buscaban. Una interior certeza así lo aseguraba.

Quedaron titubeantes en la puerta, confusos, indecisos; sin saber que decir. Temían haberse equivocado.

They had never seen one another before. But they soon learned, all three, who the other two were. And they learned of the journey each was making, and the similar motive which had impelled the three. And they rejoiced. For that reason, they traveled the rest of the road together, following that Star, in good company.

Afternoons followed mornings, and mornings afternoons; hours of sunlight succeeded hours of darkness. Until one frosty dawn, on the outskirts of a little village, the Star came to rest at last above a rustic stable. The three wise travelers realized that they had come to the end of their strange adventure.

In the vague light of daybreak Melchior, Gaspar and Balthasar dismounted. With great courtliness they asked permission at the stable door to enter. A humble workman received them warmly. An odor of pine gum, cedar, cypress, satinwood emanated from his person. One had only to look at him to see that he was a just man, a good man. But definitely he was not the lofty personage they were seeking. An inner conviction assured them of that.

They stood hesitant in the doorway, bewildered, not knowing what to say. They were afraid they might have made a mistake.

De pronto, en la penumbra del establo, se les manifestó la presencia de un niño en un pesebre; nimbado por los leves azules y oros pálidos de la luz de la Estrella. Prestábanle calor con sus vahos tibios una mula y un buey. Y una bella, dulce y joven mujer le acariciaba.

Era un recién nacido, casi desnudo, frágil, débil. Y, sin embargo, ahora no hubo dudas. De perplejos que estaban, los tres reyes, se quedaron atónitos: Aquel recién nacido, ese sí, era el augusto Personaje que venían buscando. No cabía error posible. Una interior y clara certidumbre lo afirmaba.—Entraron decididos.

Con grandes reverencias y zalemas ofrendaron las dádivas que consigo traían. Pero los tres dijeron pocas e idénticas palabras:

—Te ofrezco aquí lo único digno de tí que había en mi tierra: la prenda más preciosa que teníamos. En nombre de mi pueblo te la ofrendo.

Suddenly, amidst the shadows of the stable, the presence of a babe in a manger, haloed by the tenuous blues and pale golds of the Star's light, was revealed to them. A mule and an ox were warming him with their steaming breath. And a beautiful, gentle, young woman caressed him.

It was a new-born babe, almost naked, helpless, weak. Yet now there could be no doubt. From perplexity the three kings passed to amazement. That new-born babe, he, he was the lofty personage they were seeking. There could be no mistake. The light of an inner assurance told them so. They entered with firm tread.

With bows and obeisance they laid before him the gifts they had brought. And the three spoke brief and identical words:

"I bring the only thing worthy of you in my land, the most precious treasure we possess. I offer it to you in the name of my people."

Junto al pesebre depositó Melchor el cuenco de tosco corcho con su polen de oro; y, Gaspar, su vasija de arcilla con las perlas de incienso; y, Baltasar, su caja de madera con los granos de mirra.

Dormido entre la paja del pesebre, el niño sonreía, sonreía . . .

Y tras nuevas zalemas y saludos, salieron del establo los tres reyes magos. Se volvían contentos a sus tierras.

Melchior laid the vessel of rude cork containing the pollen of gold beside the manger; Gaspar, his flask of clay with the pearls of incense; and Balthasar, his wooden box holding the grains of myrrh.

Asleep in the straw of the manger, the babe smiled, smiled . . .

And making new obeisance and bows the three wise kings departed from the stable. Happy they set out for their respective lands.

Despuntaba ya el día. Unos pastores desde la lontananza se acercaban cantando villancicos:

*Llueven los jazmines*
*y flores de azahar*
*sobre la parida*
*niña de cristal.*

*¡Viva la canela*
*y viva la miel;*
*la blanca azucena*
*y el rojo clavel!*

The day was breaking. Shepherds from far-off approached singing carols:

*Scatter jasmine petals*
*And orange blossoms white*
*On the crystal maiden*
*Who gave birth tonight.*

*Long live the canel*
*And honey of gold;*
*The silken petaled lily*
*And carnation flower bold.*

28

Estaban ya, otra vez, de regreso, los tres magos reyes, en la encrucijada donde se dividían sus rutas. Ya se habían despedido y abrazado, con protestas cordiales de amistad, con muestras verdaderas de fraternal amor.

Cada cual puso cara hacia los rumbos de su propia tierra. Pero, en seguida, todos se detuvieron. Por el camino del Oriente llegaba, casi ciego, un viejo anacoreta. Un mendigo raído venía por el del Sur. Y, por el del Oeste, una pálida niña adolescente. Eran los donantes del incienso, del oro, y de la mirra que llevaron los reyes. Venían tras de sus príncipes movidos por vivas impaciencias y hondas curiosidades.

Querían salir de dudas. Saber si el regalo habría sido propicio, adecuado. Confirmar la eficacia, el acierto, de la ofrenda escogida. Conocer los detalles de cuanto había ocurrido.

Once more, homeward bound, the three wise kings reached the crossroads where their paths divided. They had taken leave of one another with embraces and protestations of friendship, with a sincere display of brotherly love.

Each set his face toward home. But suddenly the three halted. Out of the East came an old, purblind hermit. A tattered beggar was approaching from the South. And from the West, a pale young girl. They were the donors of the incense, the gold and the myrrh which the kings had borne. They came looking for their princes, urged on by keen impatience and deep curiosity.

They wanted to settle their doubts, to learn whether the gift had been fitting, adequate. To make sure of the acceptability, the happy choice of the offering chosen. To learn the details of all that had taken place.

Bajo el sol de la tarde aún ardoroso y reverberante, unánimes llegaban la niña, el anacoreta y el mendigo.

Los reyes se apearon de sus cabalgaduras y fueron presurosos al encuentro. Se formó en medio de la encrucijada un animado grupo. Aquel cruce de apartados caminos se llenó de preguntas y de exclamaciones.

Los generosos magos quisieron, en seguida, dar algún refrigerio a los recién llegados; pero no hubo medio.

—Dadnos, antes que nada, la gracia y el favor de la palabra—dijo el anacoreta.

La niña y el mendigo asentían con el gesto. El anacoreta prosiguió:

—Contestadnos siquiera estas preguntas: ¿Qué traéis con vosotros de regreso? ¿Qué fuisteis a buscar? Y; ¿qué os dieron en cambio de vuestros presentes?

A Baltasar, por su mayor edad, le tocó responder:

—Está claro que nada salimos a buscar. Sólo queríamos llegar a la presencia del Señor de la Paz. No fuimos a buscar cosa alguna. Al contrario, queríamos ofrecer—¡bien lo sabéis vosotros!—lo mejor que teníamos. Nada traemos, ahora, sino un júbilo manso. El insigne Jerarca que buscábamos, era un recién nacido, que en sueños sonreía . . .

Hubo un silencio. Y todos se quedaron pensativos. Hasta el dromedario, el elefante y el caballo, parecían estar deliberando.

Beneath the afternoon sun still blazing and reverberant, the girl, the hermit, and the beggar arrived with one accord. The kings dismounted from their beasts and hurried forward to meet them. They stood, an animated group, at the intersection of the crossroads. That meeting point of remote highways came alive with questions and exclamations.

The generous wise men wished to give the new arrivals some refreshment first, but they refused.

"Give us, before anything else, the grace and favor of the word," spoke the hermit.

The girl and the beggar made a gesture of assent. The hermit continued:

"At least answer these questions: What have you brought back with you? What did you set out to find? And what did you receive in return for your gifts?"

It fell to Balthasar, as the eldest, to make reply:

"It is plain that we set out to seek nothing. We wished only to enter the presence of the Prince of Peace. We did not go to seek anything. On the contrary, we wanted to give—as well you know—the best we had. We bring back nothing but a gentle rejoicing. The mighty Hierarch we sought was a new-born babe who smiled in his dreams . . ."

Silence followed. And all stood thoughtful. Even the dromedary, the elephant, and the horse seemed to be reflecting.

Tras una larga pausa, Melchor aprovechó el momento prolongado para ir a sacar de sus banastas las necesarias provisiones con qué obsequiar a los recién venidos. Gaspar, de la balumba de sus fardos, fué a sacar esteras, alfombras y almohadones, que sirvieran de asientos y manteles. Recordó Baltasar que también eran huéspedes suyos aquellos tres cansados caminantes; y, acudió a sus alforjas . . .

Entonces ocurrió el milagro. A la vista de todos.

After a long pause, Melchior employed the drawn-out moment to take from his hampers provisions to offer the recent arrivals. Gaspar began to pull mats, rugs and pillows from his fardels to serve as seats and cloths. Balthasar remembered that the three weary travelers were his guests, too, and he reached into his saddle-bags.

It was then that the miracle took place. In full view of all.

Each of the wise men found in his luggage

Cada mago encontró, en su equipaje, el idéntico don que en el establo había dejado. Además, todos tres encontraron, también, una réplica exacta del aguinaldo de los otros dos. Cada cual tenía ahora un cuenco lleno de *aquel* oro, una caja con *aquella* mirra y un pomo del incienso *aquel*.

Los tres reyes pensaron en sus pueblos y se llenaron de alegría. Se regocijaban por la multiplicada triple gracia que, al llegar, devolverían a las gentes todas. Acomodaron en las ancas del elefante, el dromedario y el caballo, al mendigo, al anacoreta y a la niña. Y emprendieron, dándose mucha prisa, la vuelta a sus países.

the very same gift he had left in the stable. In addition, all three found an exact replica of the gift of each of the other two. Now each of them had a bowl filled with *that* gold, a box filled with *that* myrrh, and a flask of *that* incense.

The three kings thought of their peoples and were filled with joy. They rejoiced at the thrice multiplied grace which, on their return, they would give back to all the people. They made room on the haunches of the elephant, the dromedary and the horse for the beggar, the hermit, and the maiden. And with all haste they set out for home.

El retorno se les iba haciendo largo, demasiado largo, larguísimo . . .

Por noticias que tengo, van aún de camino. Aún no están de regreso.

The journey back seemed to them long, so very long, endlessly long . . .

From what I have been told, they are still on the way. They have not yet arrived.

Pero en el aire hay voces cristalinas que en la distancia cantan:—
   ¡Paz a los hombres!
   ¡Salve, la buena voluntad!

But in the air crystalline voices from afar sing on high:
   "Peace on earth!"
   "Good will to men!"

JOANNES·EST·NOMEN·EJVS